Texto de Dill Magno

ESPICHA, A LAGARTIXA,
e os cabelos de Isabela

Ilustrações de Cesar Augusto

Copyright do texto © 2022 Dill Magno
Copyright das ilustrações © 2022 Cesar Augusto

Direção e curadoria	Fábia Alvim
Gestão comercial	Rochelle Mateika
Gestão editorial	Felipe Augusto Neves Silva
Diagramação	Luisa Marcelino
Revisão	Carla Montanhez

CIP-BRASIL. CATALOGAÇÃO NA PUBLICAÇÃO
SINDICATO NACIONAL DOS EDITORES DE LIVROS, RJ

M176e

Magno, Dill

Espicha, a lagartixa, e os cabelos de Isabela/ texto de Dill Magno ; ilustração de Cesar Augusto. - 1. ed. - São Paulo : Saíra Editorial, 2022.
24 p. : il. ; 22cm x 22cm.

ISBN: 978-65-86236-46-0

1. Ficção. 2. Literatura infantojuvenil. I. Augusto, Cesar. II. Título.

CDD: 808.899282
22-76785 CDU: 82-93(81)

Gabriela Faray Ferreira Lopes - Bibliotecária - CRB-7/6643

23/03/2022 25/03/2022

Todos os direitos reservados à

Saíra Editorial
Rua Doutor Samuel Porto, 396
Vila da Saúde – 04054-010 – São Paulo, SP
Telefones: (11) 5594 0601 | (11) 9 5967 2453
www.sairaeditorial.com.br | editorial@sairaeditorial.com.br
Instagram: @sairaeditorial

Daniela Beraha. Vovós e Vovôs, Selma, Ligia, Lucien e Milo. Tia Mara. Tio Márcio fraquinho. Tia Paty. Tio Márcio fortão. Kiusam de Oliveira, fada pretinha deste projeto e da Bebela. Marcel Rei Coronato. Ilú Obá de Min, em especial Marcia Leme e naipe das Xequeridas.

Esta é a história de Espicha, uma lagartixa.
Uma dessas que quem mora no Brasil,
pelo menos uma vez na vida, já viu.
Sempre pendurada, quietinha, paralisada.

Pronta para comer uma mosquinha ou mesmo uma
mariposa assada
no prato da "lâmpida", como diria Adoniran Barbosa.
Se você não sabe quem é Adoniran Barbosa, pergunte aí.
Depois continuamos essa prosa.

Pois bem, veja só: não é que Espicha era alérgica a pó?
Um dia deu um espirro tão arretado
que esticou o pescoço e o rabo,
desgrudou as patinhas e despencou do telhado.

Não era a primeira vez que isso acontecia.
Por causa de um espirro, por pouco não desceu pelo ralo da pia!
Mas desta vez achou mesmo que partiria desta para a melhor.
E de barriga vazia — o que é bem pior.

Quando aterrissou,
teve uma sensação de tamanha felicidade que caraminholou:
"Pronto, morri!
E o paraíso só pode ser aqui!
Um lugar como este macio, fofo e cheiroso não é para qualquer um!
E quer saber? Nem ligo para o jejum!"

Mal sabia ela
que caiu foi no black power de Isabela.
Sabe o que é um cabelo black power?
Pergunte para sua vó.
Ou leia o livro O mundo no Black Power de Tayó.

Quando Isabela sentiu aquele baque esquisito,
passou a mão e, ao perceber aquele troço gelado, não economizou no grito!

"Ahhh!"
Sua mãe, Daniela, correu para ver que gritaria era aquela!
"Mas o que foi que aconteceu?
Uma cobra? Um escorpião? Que bicho te mordeu?"

"Mas que exagero!", você diria...
É que Isabela, quando arma uma gritaria...

Espicha, a esta altura,
caiu na real.
A vida é dura!
Tratou de dar o fora,
descendo Isabela afora,
em uma carreira tão desabalada
que, quando se deu conta, estava debaixo da escada.

Depois do susto, Isabela e sua mãe caíram na gargalhada!
Você também não riria do acontecido?
Duvido!

Uma lagartixa não faz mal a ninguém. Eu acredito e boto fé!
A não ser (é claro) que você seja um mosquito. Aí, sabe como é...

Espicha, já recuperada do espavento,
ficou lá na sua toca viajando em pensamento.
Como seria viver a vida no meio daqueles cachinhos?
Sonhava ela.
Verão, outono, inverno, primavera.
Que diferença faria!
Seria feliz dia e noite, noite e dia!

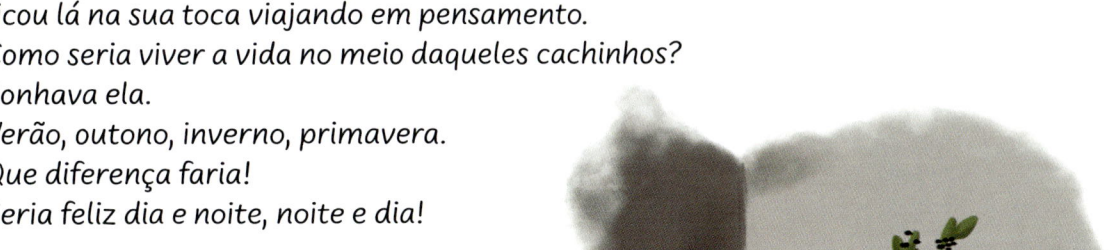

Espicha bolou um plano que não tinha como
não dar certo:
"Volto para o mesmo lugar e pulo quando ela
estiver perto!"
E lá estava ela para a primeira tentativa.
Sim, porque a ideia não foi assim tão assertiva.

Caiu foi na cabeça da mamãe.
Como era duro aquele coco!
Pior foi o sufoco
de tentar se agarrar naquele cabelo liso.
Escorregou e deu com a cara no piso!

No dia seguinte, a desventurada
caiu no cabelo do papai, duro de tanto gel.
Ficou toda furada.
Voltou para sua toca, decepcionada.
Que tristeza!

Se seus planos dariam certo? Já não tinha mais certeza.
Então:
tomou uma decisão.
"Vou falar com a tal menina. Sei onde ela mora.
Vou fazer isso agora!"
Cheia de coragem, com o coração palpitante,
lá se foi a lagartixa feito Dom Quixote, o cavaleiro andante,
ao encontro de Dulcineia!
Tá aí! Conhecer essa história também pode ser uma boa ideia.

Ao chegar à casa da menina, meteu-se pelo buraco da fechadura.
Já era tarde e a casa estava escura,
mas lagartixa é um bicho que se vira bem na escuridão
e foi aí que uma alegria invadiu seu coração.

Quando entrou no quarto e viu Isabela
com os cotovelos na janela,
olhando a lua que brilhava,
não conseguiu dizer uma só palavra.

A luz da lua se refletia nos cabelos crespos da menina, que suspirava.
Espicha foi no embalo e deu um suspiro que fez um barulhinho,
um som meio de grilo misturado com passarinho.

Isabela se virou e ficou parada.
Um pouco curiosa, um tiquinho assustada.
Espicha? Paralisada!
Isabela logo se lembrou daquela situação engraçada.
Da tal coisinha gelada.

"Você não é aquele bichinho que caiu no meu cabelo?
Meu nome é Isabela, prazer em conhecê-lo."

"Meu nome é Estixa, eu sou uma largapicha.
Não!
Meu nome é Lagartixa, eu sou uma espicha.
Não! Nada disso!
Meu nome é Espicha, eu sou uma lagartixa."

Coitada. Toda atrapalhada!

"Olha. Você vai ter que me ajudar!
Desde que caí nos seus cabelos, não consigo parar de pensar!
Que sensação maravilhosa! O que foi aquilo?
É melhor que comer um grilo!
Eu preciso morar nos seus cabelos.
Pense nas aventuras que podemos viver juntos?
Prometa que vai pensar no assunto!"

"Acho que seria muito divertido,
mas se daria certo eu duvido.
E como agir
quando a mamãe te descobrir?
Papai que é distraído pode até não notar,
mas um dia ele vai perguntar.
O que eu digo então?
Já pensou na confusão?
Não sei não."

Espicha, já em tempo de fundir a cuca,
quando pensou numa solução maluca.
"Lagartixas são craques na arte da paralisia
e, se surgir alguém no meio da brincadeira,
em um enfeite me transformaria!"

"Isso! Eu poria um laço de fita e um fuxico de chita!
Para dar um retoque final, acho uma ideia genial!"

Fuxico? Chita?
Que coisa esquisita, né?
Aposto que alguém aí sabe o que é...

Deixemos de parangolé,
que a história está chegando aos momentos finais.

Como de costume nos desjejuns matinais,
Isabela sentou-se à mesa como quem não quer nada.
Sua mãe olhou intrigada:
"Que enfeite interessante... Se já vi esse bichinho em algum lugar eu não sei.
Quando foi que eu comprei?"

"Foi nos meus brinquedos que eu achei.
Aí coloquei a fita e o fuxico de chita. Fiquei bonita!"

"Ficou linda de verdade.
Ai, meu Deus, quanta criatividade!"

Papai olhou sorrindo para Isabela:
"Minha filha, hoje você está radiante!
E eu não consigo explicar por quê. Não é intrigante?"
Aéreo como era, não notaria nem se fosse um elefante.

Na praia, no campo,
na escola e em todo canto,
a partir daquele dia, não se via, não se sabia,
de Espicha sem Isabela.

Dizem que, no dia do seu casamento,
Isabela exibia em sua cabeça um lindo ornamento,
cheio de flores coloridas.

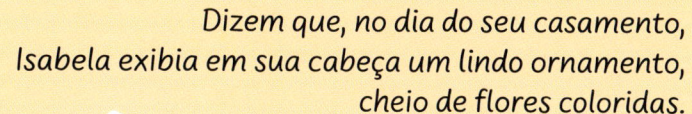

No meio delas, meio escondida,
lá estava Espicha, paralisada.
Mas muito, muito emocionada!

Sobre
O AUTOR

Dill Magno, ator, arte educador, pedagogo, poeta e escritor. Artevista de arte e cultura, no teatro iniciou sua carreira no final dos anos 1980, em companhias de teatro amador na cidade de São Paulo. Ao longo desses mais de 30 anos, atuou como ator, diretor e produtor de teatro em peças pelo Brasil e em Portugal. Participou de curtas e série de TV, longa-metragem, publicidade e propaganda. Como arte educador e pedagogo, atua há mais de 15 anos em diversos programas, projetos e ONGs, com crianças, adolescentes e jovens. Seu foco é a garantia de direitos de crianças e adolescentes. Faz parte do coletivo Poesia entre Nós.

Sobre
O ILUSTRADOR

Cesar Augusto, artista multiplicador mineiro, caminhando e brincando entre as linhas do teatro e do circo. Traçando cores entre as linguagens, colorindo as aventuras e desenhando no mundo desde que se conhece e entende, agora compartilha a felicidade de estar no primeiro processo de ilustrar uma obra literária.

Esta obra foi composta em Uberhand Pro e KansasNew
e impressa em offset sobre papel couché brilho 150 g/m²
para a Saíra Editorial em 2022